Inhaltsverzeichnis

+ 1. Klasse

Ich höre [a] [aː] • Ich sehe und schreibe A a	2
Ich höre [a] [aː] und [ɛ] [ɛː] • Ich sehe und schreibe A a oder Ä ä	4
Ich höre [i] [ɪ] oder [iː] • Ich sehe und schreibe I i	6
Ich höre [ə] [eː] oder [ɛ] • Ich sehe und schreibe E e	8
Lesen: Im Zoo / Auf dem Land	10
Ich höre [u] [uː] und [y] [yː] • Ich sehe und schreibe U u oder Ü ü	12
Ich höre [o] [oː] oder [ɔ] und [øː] • Ich sehe und schreibe O o oder Ö ö	14
Ich höre [aʊ] und [ɔʏ] • Ich sehe und schreibe Au au oder Äu äu	16
Ich höre [iː] und [aɪ] • Ich sehe und schreibe ie und Ei ei	18
Ich höre [ɔʏ] • Ich sehe und schreibe Eu eu	20
Ich höre [j], [y] oder [i] • Ich sehe und schreibe Y y	22
Ich höre [j] und [g] • Ich sehe und schreibe J j und G g	24
Ich höre [h] und [eː] • Ich sehe und schreibe H h und eh	26
Ich höre [ç], [k] oder [x] • Ich sehe und schreibe Ch ch	28
Ich höre [ʃ] • Ich sehe und schreibe Sch sch	30
Lesen: Mein Hamster / Nach der Schule	32
Ich höre [ks] • Ich sehe und schreibe chs	34
Ich höre [z] oder [s] • Ich sehe und schreibe S s	36
Ich höre [ʃp] oder [sp] und [ʃt] oder [st] • Ich sehe und schreibe Sp sp und St st	38
Ich höre [kv] und [ŋ] • Ich sehe und schreibe Qu qu und ng	40
Ich höre [k] und [f] oder [v] • Ich sehe und schreibe ck und V v	42
Ich höre [v] • Ich sehe und schreibe W w oder V v	44
Lesen: Hans Ärgerlich / Im Garten	46
Lesen: Im Puppentheater / Auf dem Berg	48
Bibliografie	50
Notizen	51
Lösungen	53

Hören

Ich 👂 [a] oder [aː]

1 Lies.

was – acht – am – an – das – man – klar

Ast – Arm – Papa – Sofa – Ananas – Banane

Lama – Affe – Hase – Glas – Arzt – Badeanzug – Adler

Alphabet – Wal – Salat – Akrobat – Papagei – Farben

2 Wie klingt das A a?

Wenn es wie [a] klingt, markiere es rosa und grün, wenn es wie [aː] klingt.

Wal   Papa   Sofa   Ananas   Banane

Lama   Salat   Alphabet   Akrobat   Adler

Glas   Affe   Arzt   was   acht

3 Lies diese Sätze.

Der Hase hat schwarze Haare.

Diese Papageien haben schöne Farben.

Mama und Papa waschen den Salat.

Schreiben

Ich 👀 und ich ✏️ A a

4 Fahre jedes Wort einmal nach, dann schreibe es ab.

- am   am
- das   das
- Mama   Mama
- Papa   Papa
- Oma   Oma
- der Salat   der Salat
- die Ampel   die Ampel

- man   man
- was   was

- lila   lila
- acht   acht

- die Salate   die Salate
- die Ampeln   die Ampeln

5 Schreibe diese Sätze noch einmal.

Diese Papageien haben schöne Farben.

Tante Anna hat einen lila Badeanzug.

Hören

Ich 👂 [a] [aː] | Ich 👂 [ɛ] [ɛː]

6 Lies.

schwarz – nah – näher – dann – wann – halb – Bär – bäckt – Bäckerei
Käse – Ball – Äpfel – März – April – Mädchen – Rabe
Rotkäppchen – Paket – Rätsel – Kran – Schal
Bäcker – Lampe – Zähne – Schokolade – Märchen – Markt

7 Welches Wort passt zu welchem Bild? Verbinde.

der Kran   der Bäcker   der Rabe   der Käse

 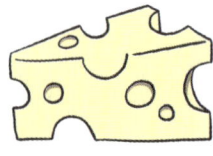  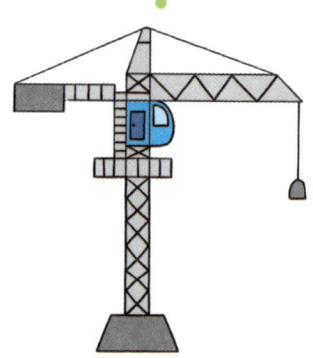

8 Lies diese Sätze.

Rotkäppchen ist ein Mädchen, das einen roten Mantel hat.
Oma mag schwarze Schokolade.
Der Rabe fängt den Käse mit seinem Schnabel.

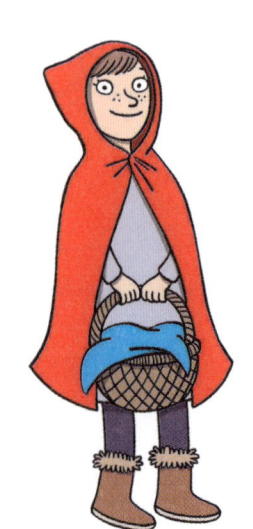

Schreiben

Ich 👀 und ich ✏️ A a oder Ä ä

9 Fahre jedes Wort einmal nach, dann schreibe es ab.

- als   als
- näher   näher
- das Päckchen   das Päckchen
- der Zahn   der Zahn
- der Affe   der Affe
- der Apfel   der Apfel

- ab   ab
- stärker   stärker
- die Päckchen   die Päckchen
- die Zähne   die Zähne
- die Affen   die Affen
- die Äpfel   die Äpfel

10 Schreibe diese Sätze noch einmal.

Der Bäcker backt Apfeltaschen.

Der Affe ist stärker als der Rabe.

Ich 👂 [i] [ɪ] oder [iː]

11 Lies.

im – in – ich – ihr – sie – dick – die – dich – mir
Dino – Insekt – Igel – Tiger – Insel – Iglu – Schiff
Ski – Biber – Fisch – Krokodil – Kiwi – Indianer
Nilpferd – Pirat

12 Wie klingt das I i in den folgenden Wörtern?

Wenn es wie [i] [ɪ] klingt, markiere es rosa und grün, wenn es wie [iː] klingt.

Krokodil   Dino   Biber   Insel   Fisch
Pirat   Schiff   Igel   Kiwi   Iglu

13 Welches Wort passt zu welchem Bild? Verbinde.

der Pirat   das Nilpferd   der Biber   der Igel

14 Lies diese Sätze.

Es gibt Tiger, Nilpferde und Krokodile im Zirkus.
Dieser Fisch frisst ein Insekt.

Schreiben

Ich 👀 und ich ✏️ I i

15 Fahre jedes Wort einmal nach, dann schreibe es ab.

- ich   ich
- mich   mich
- ihr   ihr
- dir   dir
- der/das Iglu   der/das Iglu
- die Iglus   die Iglus
- die Kiwi   die Kiwi
- die Indianerin   die Indianerin
- die Kiwis   die Kiwis
- die Indianerinnen   die Indianerinnen

16 Schreibe diese Sätze noch einmal.

In Indien gibt es Tiger.

Tante Iris isst Kiwis.

Hören

Ich 👂 [ə] [eː] oder [ɛ]

17 Lies.

aber – er – mehr – sehr – wer – dunkel – der – hell

Elch – Apfel – Ente – Mantel – Lehrer – Tafel

Gabel – Besen – Erdbeere – Zebra – Liter

Schwester – Herz – Esel – Pinsel – Nebel – Laterne

18 Welches Wort passt zu welchem Bild? Verbinde.

der Elch   die Ente   das Herz   der Besen

19 Wie klingt das E e in den folgenden Wörtern? Wenn es wie [ə] klingt, markiere es rosa, grün, wenn es wie [eː] klingt und blau, wenn es wie [ɛ] klingt.

Lehrer   Esel   Nebel   Ente

Schwester   Besen   Herz   Laterne

20 Lies diese Sätze.

Ihre Schwester hat sechs orange Besen.

Sechs Esel laufen aus dem Zoo weg.

Schreiben

Ich 👀 und ich ✏️ E e

21 Fahre jedes Wort einmal nach, dann schreibe es ab.

- der   der
- hell   hell
- aber   aber
- die Kerze   die Kerze
- die Ente   die Ente
- der Mantel   der Mantel

- mehrere   mehrere
- wer   wer
- er   er
- sehr   sehr
- die Kerzen   die Kerzen
- die Enten   die Enten
- die Mäntel   die Mäntel

22 Was ist das? Schreibe zu jedem Bild das richtige Wort.

a  b  c

die ....   der ....   die ....

23 Schreibe diesen Satz noch einmal.

Zebras leben in der Savanne.

Lesen

Im Zoo

Heute gehen Martina und Sabina in den Zoo.

Es ist sehr warm und die Mädchen tragen beide eine lila Bluse.

Die Tiere sehen glücklich aus.

Die Affen spielen, die Tiger fressen, die Krokodile schlafen und die Elefanten waschen sich.

Am Abend gehen Martina und Sabina wieder nach Hause.

24 Was stimmt? Kreuze die richtige Antwort an.

1 Wer geht in den Zoo?
- ☐ **a** die Schüler
- ☐ **b** Sabina und Martina
- ☐ **c** Sabina und Martin

2 Wer schläft?
- ☐ **a** die Tiger
- ☐ **b** die Krokodile
- ☐ **c** die Affen

3 Wie ist die Farbe von Sabinas Bluse?
- ☐ **a** lila
- ☐ **b** rosa
- ☐ **c** blau

Lesen

Auf dem Land

Mathias ist Bauer. Er lebt mit seinen Schwestern, Maria und Sonia, auf dem Land.

Sie haben einen Esel, ein Pferd, zwei Hähne und viele Hühner. Sie haben auch eine Katze, die Tigri heisst.

Im Frühling pflanzen Maria und Sonia Blumen im Garten und Mathias arbeitet auf den Feldern.

Sie sind glücklich auf dem Land.

25 Was stimmt? Kreuze die richtige Antwort an.

❶ Mit wem lebt Mathias?
- ⓐ seinen Schwestern
- ⓑ seinem Bruder
- ⓒ seinen Eltern

❸ Wie viele Hähne haben sie?
- ⓐ vier
- ⓑ zwei
- ⓒ drei

❷ Was ist Tigri?
- ⓐ ein Pferd
- ⓑ ein Esel
- ⓒ eine Katze

Hören

Ich 👂 [u] [uː] | Ich 👂 [y] [yː]

26 Lies.

und – rund – für – um – dürr – durch – tun – gut
Tür – Hut – Mund – Bügel – Bürste – Tuch
Kühe – Tüte – Uhr – Küche – Puppe – Hund
Rüssel – Gürtel – Bus – Kuh – Uhu – Übung – Hündin

27 Wie klingt das U u oder das Ü ü in den folgenden Wörtern?

Ergänze wie folgt: [u] [uː] oder [y] [yː].   BEISPIEL: Küche / Uhr / Bus

- ⓐ d_rch
- ⓑ _b_ng
- ⓒ K_h
- ⓓ K_he
- ⓔ H_nd
- ⓕ B_rste
- ⓖ M_nd
- ⓗ _nd
- ⓘ R_ssel
- ⓙ _h_
- ⓚ G_rtel
- ⓛ f_r

28 Hörst du [y] oder [yː]? Verbinde.

Bürste •
Übung •
Rüssel •

• [yː] •
• [y] •

• Tüte
• Bügel
• Küche

29 Lies diese Sätze.

Der Hund und die Hündin schlafen in der Küche.
Hast du fünf Tüten für mich?

Schreiben

Ich 👀 und ich ✏️ U u oder Ü ü

30 Fahre jedes Wort einmal nach, dann schreibe es ab.

- für   für
- um   um
- gut   gut

- diese Bürste   diese Bürste
- die Kuh   die Kuh
- eine Übung   eine Übung

- diese Bürsten   diese Bürsten
- die Kühe   die Kühe
- Übungen   Übungen

31 Schreibe jedes Wort zum passenden Artikel.

Gemüse – Uhu – Bürste – Tuch – Rüssel – Tüte

der ....   das ....   die ....
der ....   das ....   die ....

32 Schreibe diesen Satz noch einmal.

Der Hund und die Hündin schlafen in der Küche.

Hören

Ich 👂 [o] [oː] oder [ɔ] | Ich 👂 [øː]

33 Lies [o] [oː].

wo – ohne – wohl – oder – Vogel – Krone – Sofa – Obst

Olive – Ostern – Mond – Ofen – Ohr – Orange – Osterei

34 Lies diese Sätze.

Obst ist gesund.

Zitronen, Orangen und Oliven schmecken gut.

35 Lies [ɔ].

oft – ob – Ost – Ort – Schloss – Kopf – Konfitüre

36 Ergänze jedes Wort mit O oder o wie folgt: [o] [oː] oder [ɔ].

BEISPIEL: Zitrone / oft

- a V_gel
- b M_nd
- c K_pf
- d _live
- e _rt
- f S_fa
- g _range
- h Schl_ss

37 Lies [øː].

böse – Möwe – Öfen – Öl – Flöte – Löwe – Öde – König – Kröte

38 Verbinde.

Osterei •   • [o] •   • König

Olive •   • [ɔ] •   • Vogel

Kröte •   • [oː] •   • Schloss

Zitrone •   • [øː] •   • Ohr

Ich  und ich  O o oder Ö ö

39 Fahre jedes Wort einmal nach, dann schreibe es ab.

- wo   wo
- ohne   ohne
- oder   oder

- die Öde   die Öde
- die Öden   die Öden

- die Möwe   die Möwe
- die Möwen   die Möwen

- das Osterei   das Osterei
- die Ostereier   die Ostereier

40 Was ist das? Schreibe zu jedem Bild das richtige Wort.

a

b

c

die ....   der ....   der ....

41 Schreibe diese Sätze noch einmal.

Die Kröte ist klein und der Löwe ist gross.

Diese Ostereier sind rot und blau.

Hören

Ich 👂 [aʊ] Ich 👂 [ɔʏ]

42 Lies [aʊ].

aus – auf – auch – raus – blau – grau – braun – laut
Haus – Ausgang – Raum – Traum – Lauf – Kraut – Auge
Sau – Baum – Bauer – Staub – Aussicht – Laus

43 Lies [aʊ] und [ɔʏ].

- eine Maus → zwei Mäuse
- eine Faust → zwei Fäuste
- ein Haus → zwei Häuser
- ein Raum → zwei Räume

44 [aʊ] oder [ɔʏ]? Ergänze wie im Beispiel.   BEISPIEL: ein Baum → zwei Bäume

a) ein Tr__m → _____ Tr__me

b) eine S__ → _____ S__e

c) ein Kr__t → _____ Kr__ter

45 [aʊ] oder [ɔʏ]? au oder äu? Ergänze wie im Beispiel.

BEISPIEL: der Staub / der Räuber

a) die Kr__ter   c) die M__s

b) der B__er   d) der L__fer

46 Lies diese Sätze.

Der Läufer läuft hinter dem Räuber her.
Die Maurer bauen ein Haus und eine Mauer.

Ich 👀 und ich ✏️ Au au oder Äu äu

Schreiben

47 Fahre jedes Wort einmal nach, dann schreibe es ab.

- blau   blau
- grau   grau
- laut   laut

- die Säule   die Säule
- die Säulen   die Säulen

- die Faust   die Faust
- die Fäuste   die Fäuste

48 Schreibe jedes Wort zum passenden Artikel.

Häuser – Traum – Kraut – Läufer – Haus – Maus

- der ....   • das ....   • die ....
- der ....   • das ....   • die ....

49 Zeichne.

| einen Baum | zwei Häuser | eine blaue Maus |

50 Schreibe diesen Satz noch einmal.

Der Baum steht vor dem Gebäude.

Hören

Ich 👂 [iː] | Ich 👂 [aɪ]

51 **Lies [iː].**

wie – vier – sieben – die – sie – hier – nie – dieser

Tier – Papier – Wiese – Riese – Lied – Niete

52 **Lies [aɪ].**

ein – drei – sein – mein – deine – breit – zwei – weiss

Reise – Leid – Seife – Ei – Eimer – Leiter – Seil

53 **Male alle Sterne mit [aɪ] blau aus und alle anderen in deiner Lieblingsfarbe.**

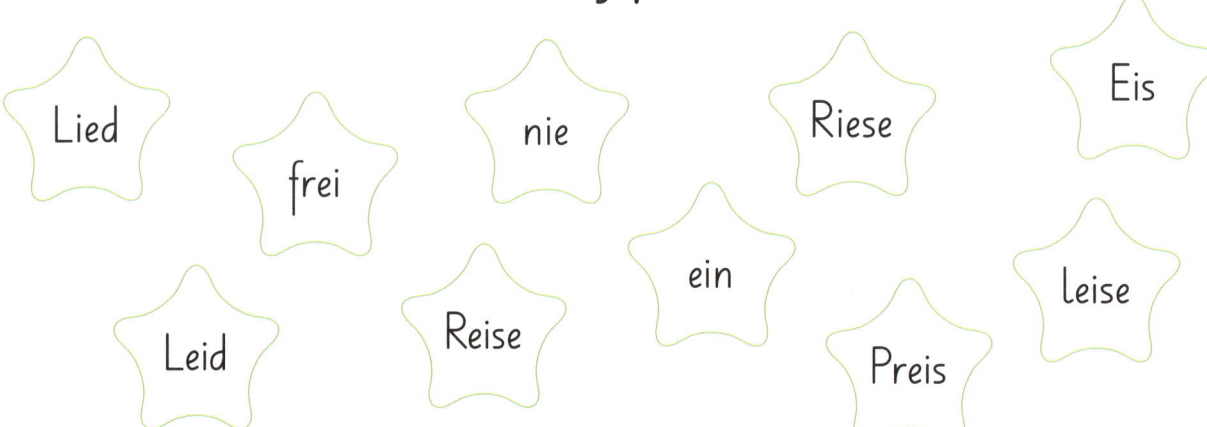

Lied · frei · nie · Riese · Eis · Leid · Reise · ein · Preis · leise

54 **Lies diese Sätze.**

Leider haben wir keine weissen Eier.

Dieser Riese hat einen Schnupfen und niest die ganze Zeit.

Schreiben

Ich 👀 und ich ✏️ ie und Ei ei

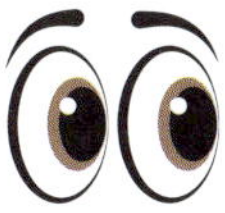

55 Fahre jedes Wort einmal nach, dann schreibe es ab.

- wie   wie
- vier   vier
- hier   hier

- das Tier   das Tier
- vier Tiere   vier Tiere

- eine Seife   eine Seife
- zwei Seifen   zwei Seifen

- die Leiter   die Leiter
- drei Leitern   drei Leitern

56 Ordne zu und schreibe jedes Wort in das passende Feld.

Zwiebel – Eimer – Dieb – Riese – Reise – frei

Ich höre [iː], ich schreibe «ie».	Ich höre [aɪ], ich schreibe «Ei, ei».

57 Schreibe diesen Satz noch einmal.

Dieser Diener findet alle Lieder toll.

Hören

Ich 👂 [ɔʏ]

58 Lies.

neun – euch – euer – teuer – neu – treu – scheu

Eule – Feuer – Scheune – Leute – Zeugnis – Teufel

Leuchte – Beutel – Kreuze – Freund – Euter – Euro

59 Verbinde. [ɔʏ]: ⬢ ist eu und ★ ist äu.

Scheune • 　　　　　　　　• Läufer

Räuber • 　　　★　　　　• Feuer

euch • 　　　⬢　　　　• Mäuse

häufig • 　　　　　　　　• Zeugnis

60 Welches Wort passt zu welchem Bild? Verbinde.

die Eule　　die Leuchte　　das Feuer　　der Euro

61 Lies diesen Satz.

In eurem Beutel gibt es neun Euro.

Schreiben

Ich 👀 und ich ✏️ Eu eu

62 Fahre jedes Wort einmal nach, dann schreibe es ab.

- neun   neun
- euer   euer
- euch   euch

- der Beutel   der Beutel
- die Beutel   die Beutel

- die Keule   die Keule
- die Keulen   die Keulen

- das Zeugnis   das Zeugnis
- die Zeugnisse   die Zeugnisse

63 Schreibe jedes Wort zum passenden Artikel.

Euro – Leuchte – Eule – Euter – Freund – Feuer

- der ....   • das ....   • die ....
- der ....   • das ....   • die ....

64 Schreibe diese Sätze noch einmal.

Diese Leute sind meine Freunde.

Neun Eulen leben in dieser Scheune.

Hören

Ich 👂 [j], [y] oder [i]

65 Fahre das Y oder y lila nach. Es klingt [j] wie J j.
loyal – Yo-Yo – Yak – Yeti – Yoga – Yuppie

66 Fahre das y orange nach. Es klingt [y] wie Ü ü.
Hyazinthe – Hyäne – Pyramide – Python – Labyrinth – Zyklus – Gymnastik

67 Fahre das y braun nach. Es klingt [i] wie I i.
Zylinder – Baby – Handy – Teddy

68 Klingt das Y oder y [j], [y] oder [i]? Verbinde.

Yeti •		• Yak
Pyramide •	• [i] •	• Zyklus
Baby •	• [j] •	• Hyazinthe
Zylinder •	• [y] •	• Hyäne

69 Welches Wort passt zu welchem Bild? Verbinde.

die Pyramide   die Hyazinthe   der Python   der Zylinder

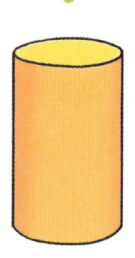   

Schreiben

Ich 👀 und ich ✏️ Y y

70 Fahre jedes Wort einmal nach, dann schreibe es ab.

- der Yeti   der Yeti   • das Baby   das Baby   • der Yak   der Yak

- die Hyazinthe   die Hyazinthe   • die Hyazinthen   die Hyazinthen

- eine Hyäne   eine Hyäne   • Hyänen   Hyänen

71 Was ist das? Schreibe zu jedem Bild das richtige Wort.

a)

b)

c)

der _____   der _____   der/das _____

72 Schreibe diese Sätze noch einmal.

Yaks und Hyänen sind Tiere.

Die Hyazinthe ist eine Blume.

Hören

Ich 👂 [j]   Ich 👂 [g]

73 Lies.

jede – ja – jemand – jung – je

Jaguar – Junge – Jogurt – Jacke – Juni – Judo

74 Lies.

gross – grün – gelb – gold – gern – grau

Kugel – Gurke – Feige – Gras – Garage – Fliege – Gans

75 Zeichne.

ein grünes Glas   eine gelbe Jacke   eine graue Gabel

76 Lies diese Sätze.

Es gibt einen Wagen in der Garage.

Der Igel ist im Gras.

Jaguare sind gefährlich.

Jeder Junge hat eine Geige.

Ich 👀 und ich ✏️ J j oder G g

77 Schreibe diese Sätze noch einmal.

- Juli kommt nach Juni. →
- Diese Igel sind grau. →
- Die Fliege fliegt. →

78 Finde auf den Seiten 24 und 25 ein Beispiel für …

- ein Tier → ....
- einen Vogel → ....
- ein Insekt → ....
- ein Instrument → ....
- ein Kleidungsstück → ....

- einen Menschen → ....
- einen Monat → ....
- eine Farbe → ....
- ein Lebensmittel → ....
- einen Sport → ....

79 Ergänze die Sätze.

a  .... sind gesund.

b Ich mag  ....

c Dieser  .... ist  ....

Hören

Ich 👂 [h] | Ich 👂 [eː]

80 Lies.

her – hier – hart – hat – hast – hoch – hin – hinter
Hand – Hase – Hemd – Hamster – Himmel – Nashorn
Hose – Einhorn – Herd – Helm – Hampelmann

81 Welches Wort passt zu welchem Bild? Verbinde.

die Hand   das Nashorn   das Einhorn   der Helm

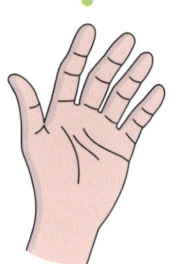

82 Lies.

wehen – gehen – sehen – drehen – sehr – mehr – zehn – weh

83 Verbinde. Ich höre [h] oder [eː].

Hamster •   • Nashorn
mehr •   •[h]•   • Himmel
Herd •   •[eː]•   • sehr

84 Lies diese Sätze.

Hinter dem Hirsch hoppelt ein Hase. Meine Zähne tun mir sehr weh.

Schreiben

Ich 👀 und ich ✏️ H h und eh

85 Schreibe diese Sätze noch einmal.

Die Sonne ist am Himmel.

Damhirsche haben keine Hörner, sie haben ein Geweih.

86 Was ist das? Schreibe zu jedem Bild das richtige Wort.

a  b  c

der .... der .... der ....

87 Ergänze die Sätze. Schreibe das H blau und das h grün.

Ein  .... hat zwei  ....

_ans _at einen  .... in seiner 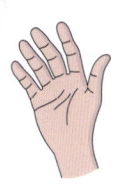 ....

88 Schreibe diese Frage noch einmal.

Hast du meinen Hund gesehen?

Hören

Ich 👂 [ç], [k] oder [x]

89 Lies.

ich – mich – dich – weich – euch – leicht – recht – nicht

Teppich – Eichel – Milch – Licht – Pech – Chinakohl

90 Lies.

Chor – Christina – Chrysantheme – Choral – Ochse – Eidechse – Lachs

91 Lies.

nach – Fach – Buch – acht – Tuch – Dach – noch – Nacht

92 Markiere alle Ch ch orange für [ç], grün für [k] und blau für [x].

China – Chlor – Nacht – Licht – acht – nach – Choral – euch

Teppich – Chrysantheme – Lachs – Eichel – ich – Dach – Chor

93 Wie klingt das Ch oder ch? Verbinde.

Pech •   • [k] •   • Fach

Chor •   • [ç] •   • Christina

Tuch •   • [x] •   • weich

94 Lies diese Sätze.

Christian und Christina sind acht Jahre alt.

Dieses Buch ist nicht leicht.

Eine Eichel ist leichter als ein Wichtelmännchen.

Schreiben

Ich 👀 und ich ✏️ Ch ch

95 Fahre jedes Wort einmal nach, dann schreibe es ab.

- wichtig   wichtig
- Christina   Christina
- acht   acht

- das Fach   das Fach
- die Fächer   die Fächer

- das Licht   das Licht
- die Lichter   die Lichter

- der Chor   der Chor
- die Chöre   die Chöre

96 Was ist das? Schreibe zu jedem Bild das richtige Wort.

a) der _____   b) der _____   c) das _____   d) der _____

97 Schreibe diese Sätze noch einmal.

Dieser Elch ist so alt wie du.

Ein Buch liegt auf dem Teppich.

Hören

Ich 👂 [ʃ]

98 Lies.

schön – schnell – schwarz – schwer – schwach
Schule – Schnee – Schere – Geschenk – Fisch
Tisch – Schaf – Schokolade – Tasche – Schwan – Schrank
Schachtel – Dusche – Muschel – Kirsche

99 Lies die Wörter und kreise jedes [ʃ] ein.

| Chor | Fisch | Schachtel | Schnee | Schrank | Teppich |
| Dusche | Lachs | schwach | noch | Schwan | Kirsche |

100 [ʃ] oder [x]? Sch, sch oder ch? Ergänze wie im Beispiel.

BEISPIEL: die Schere / das Buch

- a ____nell
- b das Ge____enk
- c die Ta____e
- d a__t
- e das Da__
- f die ____a__tel
- g ____ön

101 Lies diese Sätze.

Meine Schwester hat einen schönen Schrank in ihrem Schlafzimmer.

Die Schachtel ist schwer.

Meine Tasche ist schwarz und schön.

Schreiben

Ich 👀 und ich ✏️ Sch sch

102 Fahre jedes Wort einmal nach, dann schreibe es ab.

- schwarz   schwarz
- schnell   schnell
- schön   schön

- das Geschenk   das Geschenk
- die Geschenke   die Geschenke

- die Schachtel   die Schachtel
- die Schachteln   die Schachteln

- der Schwan   der Schwan
- die Schwäne   die Schwäne

103 Was ist das? Schreibe zu jedem Bild das richtige Wort.

a) die ....   b) die ....   c) das ....

104 Schreibe diese Sätze noch einmal.

In meiner Schultasche ist eine Schere.

Der Schwan ist schön.

Lesen

Mein Hamster Max

Ich habe einen Hamster. Er heisst Max.

Er ist acht Monate alt und er ist ein Geschenk von Oma und Opa.

Er ist klein.

Sein Fell ist hellbraun und weich.

Seine Ohren sind weiss und seine Augen schwarz.

Ich füttere ihn jeden Tag und mache seinen Fressnapf sauber.

Meine Schwester und ich spielen oft mit Max und streicheln ihn.
Das mag Max gerne.

105 Kreuze die richtige Antwort an.

1 Welche Farbe ist Max' Fell?

- a hellbraun
- b braun
- c dunkelbraun

2 Wer spielt mit Max?

- a meine Mutter und ich
- b mein Bruder und ich
- c meine Schwester und ich

3 Wie alt ist der Hamster?

- a acht Jahre alt
- b acht Wochen alt
- c acht Monate alt

Lesen

Nach der Schule

Die Lehrerin heisst Frau Müller.
Sie ist jung und sehr nett.
Heute ist Mittwoch und die Schule ist um zwölf Uhr aus.
Alle Kinder packen ihre Sachen und gehen nach Hause.
Frau Müller geht nicht nach Hause. Sie geht ins Kino.
Ingrid ist jetzt zu Hause und will ihre Hausaufgaben machen.
Sie muss für morgen ein Gedicht auswendig lernen.
Sie macht ihre Schultasche auf und liest das Gedicht.

106 Kreuze die richtige Antwort an.

❶ Welcher Tag ist heute?
- ⓐ Donnerstag
- ⓑ Mittwoch
- ⓒ Freitag

❷ Bis wann muss Ingrid das Gedicht auswendig lernen?
- ⓐ bis Donnerstag
- ⓑ bis Mittwoch
- ⓒ bis Freitag

❸ Wohin geht die Lehrerin?
- ⓐ nach Hause
- ⓑ ins Restaurant
- ⓒ ins Kino

Hören

Ich 👂 [ks]

107 Lies.

sechs – Wachs – Luchs – Eidechse – Dachs

sechs Dachse – sechs Luchse – sechs Füchse – sechs Eidechsen

108 Welches Wort passt zu welchem Bild? Verbinde.

der Luchs   der Fuchs   die Eidechse   der Dachs

109 Fahre [ks] lila und [ʃ] braun nach.   BEISPIEL: die sechste Eidechse / der sechste Fisch

   a) Lachse schwimmen und wachsen.   c) Der Luchs schläft.

   b) Der Dachs hat einen schwarzweissen Schwanz.   d) Eidechsen sind grün.

110 Lies diese Sätze.

Füchse, Luchse und Dachse sind wilde Tiere.

Dieser Dachs hat sechs Junge. Sie sind schon gewachsen.

Schreiben

Ich 👀 und ich ✏️ chs

111 Fahre jedes Wort einmal nach, dann schreibe es ab.

- sechs   sechs
- sechste   sechste
- er wächst   er wächst

- der Luchs   der Luchs
- die Luchse   die Luchse

- der Dachs   der Dachs
- die Dachse   die Dachse

- das Wachs   das Wachs
- die Wachse   die Wachse

112 Welches Wort passt nicht? Streiche durch.

a
- der Luchs
- die Muschel
- die Dachse

b
- er wächst
- er wäscht
- die Wachse

c
- die Hexe
- die Eidechse
- der Dachs

113 Schreibe diese Sätze noch einmal.

Füchse und Luchse sind wilde Tiere.

Kerzen sind aus Wachs.

Hören

Ich 👂 [z] oder [s]

114 Lies.

was – uns – das – aus – seit – eins – sechs – sieben
Salat – Rose – Esel – Besen – Tasse – Ananas – Salz
Sessel – Hase – Ast – Nase – Kiste – Pinsel – Gras
Maus – Insel – Bus – Bürste – Vase – Sonne – Haus

115 Hörst du [z] oder [s]? Verbinde.

Haus •   • Ast
Sonne •   • [z] •   • Pinsel
Insel •   • [s] •   • Ananas
Maus •   • Salz

116 Wie klingt das S oder s in den folgenden Wörtern?

Ergänze wie folgt: [z] → orange und [s] → blau

a E_el   c Ta_ _e   e _alz   g Gra_   i ein_
b Bu_   d Va_e   f Ro_e   h _e_ _el j _ieben

117 Lies diese Sätze.

Mäuse fressen gern Käse.
Sechs Hasen hoppeln im Gras.
Morgens und abends ist die Sonne sehr schön.

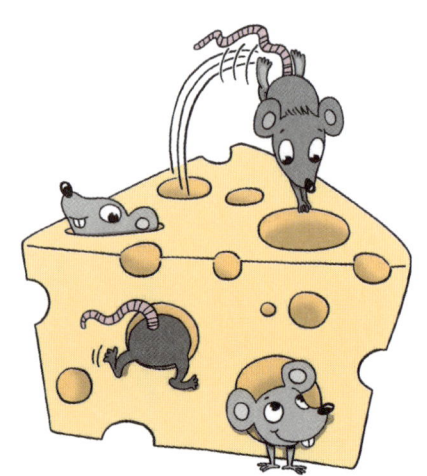

Schreiben

Ich 👀 und ich ✏️ S s

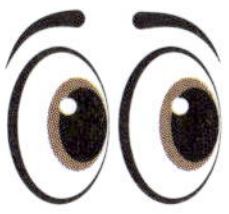

118 Fahre jedes Wort einmal nach, dann schreibe es ab.

- seit   seit
- uns   uns
- aus   aus
- das   das

- der Sessel   der Sessel
- die Sessel   die Sessel

- eine Kiste   eine Kiste
- Kisten   Kisten

- dieser Bus   dieser Bus
- diese Busse   diese Busse

119 Was ist das? Schreibe zu jedem Bild das richtige Wort.

a) die _____
b) die _____
c) die _____
d) die _____

120 Schreibe diese Sätze noch einmal.

Hinter dem Esel hoppelt ein Hase.

Diese Maus frisst ein Stück Käse.

Hören

Ich 👂 [ʃp] oder [sp] | [ʃt] oder [st]

121 Lies.

Sport – Wespe – lispeln – Spinne – Spur – Kasper
sportlich – Spiel – Knospe – Spinat – wispern – Spiegel – spitz

122 Hörst du [ʃp] oder [sp]? Verbinde.

Spur •   • Spinat
Knospe •   • [ʃp] •   • Wespe
spitz •   • [sp] •   • Kasper
Spiel •   • Spinne

123 Lies diesen Satz.

Spinnen und Wespen mag ich nicht.

124 Lies.

Angst – Stunde – Stiefel – Obst – Nest – stehen – Stein
basteln – Stange – Baumstamm – lustig – stark – Herbst

125 Markiere alle [st]-Wörter blau und alle [ʃt]-Wörter orange.

stark – Herbst – Obst – Stange – Nest – Stiefel

126 Lies diesen Satz.

In meinem Stiefel ist ein Stein.

Schreiben

Ich 👀 und ich ✏️ | Sp sp | St st

127 Fahre jedes Wort einmal nach, dann schreibe es ab.

- Sport   Sport
- Knospe   Knospe

- spitz   spitz
- Kasper   Kasper

- Spur   Spur
- Wespe   Wespe

128 Was ist das? Schreibe zu jedem Bild das richtige Wort.

a   b   c   d

die ....   die ....   die ....   der ....

129 Schreibe diesen Satz noch einmal.

Kasper lispelt und wispert.

130 Was ist das? Schreibe zu jedem Bild das passende Wort mit folgenden Farben: [ʃt] → orange und [st] → blau.

a   b   c

das ....   die ....   der ....

39

Hören

Ich 👂 [kv]   Ich 👂 [ŋ]

131 Lies.   Quadrat – Quelle – Quartett – Quintett – Qualle – Quiz – Quark

132 Welches Wort passt zu welchem Bild? Verbinde.

der Quark   die Qualle   die Quelle   das Quadrat

133 Lies diese Sätze.

Die Frösche quaken. Die Ferkel quieken. Das Feuer qualmt.
Tante Ella quetscht Orangen aus.

134 Lies.   Engel – Ring – Schlange – Angst – Gesang – Menge – Sänger

135 Welches Wort passt zu welchem Bild? Verbinde.

der Sänger   die Schlange   der Ring   der Engel

Schreiben

Ich 👀 und ich ✏️ Qu qu | ng

136 Fahre jedes Wort einmal nach, dann schreibe es ab.
- Qualle   Qualle
- Quadrat   Quadrat
- Quark   Quark

137 Ergänze die Sätze mit den folgenden Verben.

quetscht – quiekt – qualmt – quakt

a) Der alte Ofen ....
b) Die Maus ....
c) Die Kröte ....
d) Tania .... eine Zitrone aus.

138 Schreibe diesen Satz noch einmal.

Ein Quartett hat vier Musiker.

139 Fahre jedes Wort einmal nach, dann schreibe es ab.
- lang   lang
- klingen   klingen

140 Ergänze die Sätze mit den folgenden Verben.   singt – fängt – bringt

a) Der Fischer .... eine Menge Fische.
b) Ingo .... dir einen Ring.
c) Dieser Sänger .... sehr gut.

Hören

Ich 👂 [k]   Ich 👂 [f] oder [v]

141 Lies.

trocken – Glocke – Schnecke – Rock – Hecke – Schreck – lockig

142 [k] oder [x] wie Buch? Ergänze mit ck oder ch.

- ⓐ Da__el
- ⓑ Schne__e
- ⓒ Da__
- ⓓ Bau__
- ⓔ Fle__
- ⓕ So__en
- ⓖ a__t
- ⓗ Flo__e
- ⓘ tro__en
- ⓙ no__
- ⓚ La__s
- ⓛ schre__lich

143 Lies diese Sätze.

Die Schneeflocken fallen leise auf den Boden.
Er trinkt einen Schluck Wasser.

144 Lies.

Velo – Vogel – Vampir – voll – Pulver – Kurve – Vater – Vulkan

145 Wie klingt das V oder v in den folgenden Wörtern?
Fahre nach wie folgt: [f] → orange und [v] → lila.

Vase – vier – Klavier – viel – Veranda – vor – Verkehr – Vulkan – Ventilator

146 Lies diese Sätze.

Vorname, Vorsicht, Veilchen, Kurve und Vogel klingen wie Vater.
Vegetation, Veranda und Vulkan klingen wie Vampir.

Schreiben

Ich 👀 und ich ✏️ ck | V v

147 Fahre jedes Wort einmal nach, dann schreibe es ab.

• ein Deckel   ein Deckel   • ein Dackel   ein Dackel

148 Finde für jedes Bild das passende Reimwort.

Schluck – Hecke – Flocke

a   b   c

149 Schreibe die Frage nach.

Wem gehört der Schmuck auf der Decke?

150 Was ist das? Schreibe zu jedem Bild das richtige Wort.

a   b   c

die ....   der ....

Hören

Ich 👂 [v]

151 Lies.

Wein – schwer – Schweiz – Wald – Wagen – warm

Wasser – obwohl – Schwan – Welle – Weihnachten – Löwe

Wohnung – Würfel – warum – was – wie – wann – wo

Viper – violett – Vanille – Krevette – Vulkan – Vampir

Villa – Olive – Velo – oval – Savanne – Vase

152 Du hörst [v]. Ergänze mit V, v oder W, w.

- a) _arum
- b) _elo
- c) Sa_anne
- d) Sch_eiz
- e) _ulkan
- f) sch_er
- g) Oli_e
- h) Sch_an

153 Welches Wort passt zu welchem Bild? Verbinde.

die Krevette   der Würfel   der Schwan   der Vampir

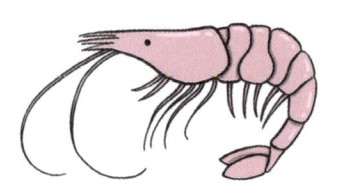

154 Lies diese Sätze.

Löwen leben in der Savanne und Wölfe im Wald.

Was willst du, Valentina? – Vanilleeis, bitte.

Schreiben

Ich 👀 und ich ✏️ W w oder V v

155 Fahre jedes Wort einmal nach, dann schreibe es ab.

- warum   warum
- wer   wer
- warm   warm

- wann   wann
- oval   oval
- obwohl   obwohl

156 Was ist das? Schreibe zu jedem Bild das richtige Wort.

a) die _____
b) der _____
c) der _____
d) der _____

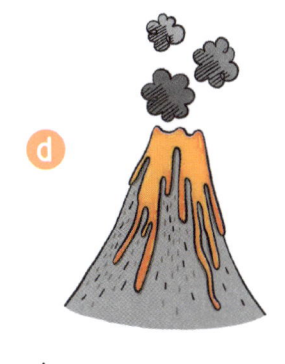

157 Findest du für jeden Kanton die richtige Flagge? Verbinde.

Wallis   Obwalden   Schwyz   Nidwalden   Waadt

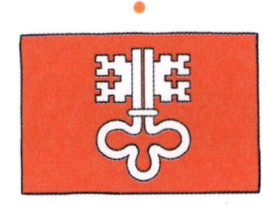

158 Schreibe diesen Satz noch einmal.

Valentin will einen neuen, schwarzen Wagen.

Lesen

Hans Ärgerlich

Hans Ärgerlich ist sieben Jahre alt und hat alles, was er will.

Aber was er hat, das will er nicht, und was er will, das hat er nicht. Deshalb ärgert er sich immer und man nennt ihn Hans Ärgerlich.

Er hat einen Hund, aber er will keinen Hund. Er will eine Katze.

Er bekommt eine Katze.

Jetzt will Hans ein Meerschweinchen.

Seine Eltern sind verzweifelt. Hans reagiert immer ärgerlich.

Und du? Wie bist du? Bist du auch wie Hans?

159 Kreuze die richtige Antwort an.

	JA	NEIN	STEHT NICHT IM TEXT
❶ Hans will einen Hund.	☐	☐	☐
❷ Hans ist neun Jahre alt.	☐	☐	☐
❸ Hans hat ein Kaninchen.	☐	☐	☐
❹ Man nennt ihn Hans Ärgerlich.	☐	☐	☐
❺ Sein Vater heisst auch Hans.	☐	☐	☐
❻ Hans will eine Katze.	☐	☐	☐
❼ Die Katze ist schwarz und weiss.	☐	☐	☐

Lesen

Im Garten

In Opas Garten sind Igel, Eidechsen, Heuschrecken, Kröten, Schnecken, Ameisen und ein Lama.

Opa hat viele schöne Blumen und Obstbäume mit süssen Früchten.

Es gibt auch Bienen, die Honig sammeln. Deshalb gibt es in Opas Garten fünf Bienenstöcke.

Wenn ich mit meinen Freunden spiele, verstecke ich mich in Opas Garten und esse Erdbeeren, Himbeeren, Kirschen, Äpfel und Birnen.

Die sind lecker!

160 Kreuze die richtige Antwort an.

❶ Der Garten gehört ...
- ⓐ Hans.
- ⓑ Oma.
- ⓒ Opa.

❷ Ich spiele mit ...
- ⓐ meiner Mama.
- ⓑ meinen Freunden.
- ⓒ meinem Bruder.

❸ Wie viele Lamas hat Opa?
- ⓐ ein
- ⓑ zwei
- ⓒ drei

Lesen

Im Puppentheater

Im Puppentheater hat der Briefträger einen Schnauz. Er transportiert einen grossen Postsack.

Der Feuerwehrmann hat einen Lastwagen mit einer Feuerwehrleiter.

Der Bahnhofswärter trägt eine blaue Mütze und hält eine Pfeife in seiner Hand.

Der Soldat hat einen braunen Helm und spielt auf einer Trompete.

Die Krankenschwester trägt einen weissen Kittel und steht neben dem Krankenwagen.

Alle tragen eine Brille und sind lustig. Sie bringen mich zum Lachen.

161 Kreuze die richtige Antwort an.

	JA	NEIN	STEHT NICHT IM TEXT
❶ Der Soldat spielt auf einem Horn.	☐	☐	☐
❷ Der Briefträger hat einen Postsack.	☐	☐	☐
❸ Die Krankenschwester heisst Lina.	☐	☐	☐
❹ Alle Figuren tragen eine Brille.	☐	☐	☐
❺ Der Feuerwehrmann ist alt.	☐	☐	☐
❻ Der Helm des Soldaten ist grün.	☐	☐	☐
❼ Das Puppentheater findet in Bern statt.	☐	☐	☐

Lesen

Auf dem Berg

Kasper wohnt mit seiner Familie in einem kleinen Chalet.

Sein Papa, Hans, züchtet Esel, Lämmer, Ziegen, Pferde, Schweine und Kühe.

Der kleine Junge pflegt die Kaninchen, die Hühner und die Hähne.
Kasper hilft seinem Papa.

Am Sonntag geht Kasper mit seinem Hund Lumpi spazieren.

Er bringt seiner Mama oft einen bunten Strauss mit schönem Klatschmohn und Wiesenblumen mit.

162 **Kreuze die richtige Antwort an.**

1 Was bringt Kasper seiner Mama mit?

- a Wiesenblumen und Tulpen
- b Rosen
- c Wiesenblumen und Klatschmohn

2 Kaspars Familie wohnt in ...

- a einem alten Chalet.
- b einem grossen Chalet.
- c einem kleinen Chalet.

3 Sein Papa züchtet ...

- a Lämmer, Kühe und Pferde.
- b Pferde, Hunde und Kühe.
- c Lämmer, Pferde und Adler.

Bibliografie

Lehrplan 21, Zyklus 1

Arbeitsheft zum Erstlesebuch, Cornelsen Schweiz

Grammatik, 1. Klasse, Lehrerkommentar

Neue Wege im Rechtschreibunterricht, Arbeitsmappe, 1. und 2. Klasse

AUTORINNEN: Sabina Dalla Riva (Lehrerin) – Martine Knébel (Lehrerin)
VERLAGSREDAKTION: Verena Mair-Briggs
ILLUSTRATIONEN: Anne-Kathrin Behl – Johanna Crainmark
GRAFISCHE GESTALTUNG UND LAYOUT: Céline Bernard – Jean-Marc Granier
LEKTORAT: Jürg Hofer (Lehrer) – Christine Willi (Lehrerin) – Barbara Lussi

© 2022, Éditions AUZOU
Herstellung Éditions AUZOU
24-32, rue des Amandiers, 75020 Paris – Frankreich
Druck in Serbien. Printed in Serbia.
Konzipiert und hergestellt im Rahmen eines nach AFAQ ISO 9001 zertifizierten Qualitätssicherungssystems.
Pflichtexemplar: April 2022

Notizen

Notizen

LÖSUNGEN

2 Sofa – Ananas – Banane – Lama – Salat – Alphabet – Akrobat – Adler – Glas – Affe – Arzt – was – acht

7 der Kran → | der Rabe → | der Käse → | der Bäcker →

12 Biber – Insel – Fisch – Pirat – Schiff – Igel – Kiwi – Iglu

13 der Pirat → | das Nilpferd → | der Biber → | der Igel →

18 der Elch → | die Ente → | das Herz → | der Besen →

19 Esel – Nebel – Ente – Schwester – Besen – Herz – Laterne

22 a die Kerze – b der Esel – c die Gabel

24 1 b · 2 b · 3 a

25 1 a · 2 c · 3 b

27 a durch – b Übung – c Kuh – d Kühe – e Hund – f Bürste – g Mund – h und – i Rüssel – j Uhu – k Gürtel – l für

28 [yː] → Übung – Tüte – Bügel
[y] → Bürste – Rüssel – Küche

31 der Uhu – der Rüssel – das Gemüse – das Tuch – die Bürste – die Tüte

36 a Vogel – b Mond – c Kopf – d Olive – e Ort – f Sofa – g Orange – h Schloss

38 [o] → Olive | [oː] → Zitrone – Vogel – Ohr
[ɔ] → Schloss | [øː] → Kröte – König

40 a die Kröte – b der Mond – c der Vogel

44 a ein Traum → zwei Träume – b eine Sau → zwei Säue – c ein Kraut → zwei Kräuter

45 a die Kräuter – b der Bauer – c die Maus – d der Läufer

48 der Traum – der Läufer – das Kraut – das Haus – die Häuser – die Maus

LÖSUNGEN

53 Ausmalen → Leid – Eis – Reise – leise – frei – ein – Preis

56 [iː] → Zwiebel – Dieb – Riese
[aɪ] → Eimer – Reise – frei

59 ⬢ → Scheune – euch – Zeugnis   ★ → Räuber – Läufer – Mäuse

60 die Eule →   die Leuchte →   das Feuer →   der Euro →

63 der Euro – der Freund – das Euter – das Feuer – die Leuchte – die Eule

68 [i] → Baby – Zylinder
[j] → Yeti – Yak
[y] → Pyramide – Zyklus – Hyazinthe – Hyäne

69 die Pyramide →   die Hyazinthe →   der Python →   der Zylinder →

71 ⓐ der Yeti – ⓑ der Yak – ⓒ der/das Pyjama

78 ein Tier → Jaguar/Igel – einen Vogel → Gans – ein Insekt → Fliege – ein Instrument → Geige – ein Kleidungsstück → Jacke – einen Menschen → Junge – einen Monat → Juni/Juli – eine Farbe → grün/gelb/gold/grau – ein Lebensmittel → Jog(h)urt/Gurke/Feige – einen Sport → Judo

79 ⓐ Gurken – ⓑ Joghurt – ⓒ Jaguar – gefährlich

81 die Hand →   das Nashorn →   das Einhorn →   der Helm →

83 [h] → Hamster – Herd – Nashorn – Himmel
[eː] → mehr – sehr

86 ⓐ der Hampelmann – ⓑ der Hase – ⓒ der Himmel

87 Ein Nashorn hat zwei Hörner. Hans hat einen Helm in seiner Hand.

92 Licht – acht – nach – Choral – euch – Teppich – Chrysantheme – Lachs – Eichel – ich – Dach – Chor

LÖSUNGEN

93 [k] → Chor – Christina
[ç] → Pech – weich
[x] → Tuch – Fach

96 ⓐ der Elch – ⓑ der Teppich – ⓒ das Dach – ⓓ der Lachs

99 Fisch – ~~Schachtel~~ – ~~Schnee~~ – ~~Schrank~~ – ~~Dusche~~ – ~~schwach~~ – ~~Schwan~~ – ~~Kirsche~~

100 ⓐ schnell – ⓑ Geschenk – ⓒ Tasche – ⓓ acht – ⓔ Dach – ⓕ Schachtel – ⓖ schön

103 ⓐ die Schokolade – ⓑ die Dusche – ⓒ das Schaf

105 ①ⓐ · ②ⓒ · ③ⓒ

106 ①ⓑ · ②ⓐ · ③ⓒ

108 der Luchs → | der Fuchs → | die Eidechse → | der Dachs →

109 [ks] → Lachse – wachsen – Dachs – Luchs – Eidechsen
[ʃ] → schwimmen – schwarzweissen – Schwanz – schläft

112 **Durchstreichen** → ⓐ die Muschel – ⓑ er wäscht – ⓒ die Hexe

115 [z] → Sonne – Insel – Pinsel – Salz
[s] → Haus – Maus – Ast – Ananas

116 ⓐ Esel – ⓑ Bus – ⓒ Tasse – ⓓ Vase – ⓔ Salz – ⓕ Rose – ⓖ Gras – ⓗ Sessel – ⓘ eins – ⓙ sieben

119 ⓐ die Insel – ⓑ die Sonne – ⓒ die Tasse – ⓓ die Maus

122 [ʃp] → Spur – spitz – Spiel – Spinat – Spinne
[sp] → Knospe – Wespe – Kasper

125 [st] → Herbst – Obst – Nest
[ʃt] → stark – Stange – Stiefel

128 ⓐ die Wespe – ⓑ die Spinne – ⓒ die Knospen – ⓓ der Spinat

LÖSUNGEN

130 ⓐ das Nest – ⓑ die Stiefel – ⓒ der Herbst

132 der Quark → | die Qualle → | die Quelle → | das Quadrat →

135 der Sänger → | die Schlange → | der Ring → | der Engel →

137 ⓐ qualmt – ⓑ quiekt – ⓒ quakt – ⓓ quetscht

140 ⓐ fängt – ⓑ bringt – ⓒ singt

142 ⓐ Dackel – ⓑ Schnecke – ⓒ Dach – ⓓ Bauch – ⓔ Fleck – ⓕ Socken – ⓖ acht – ⓗ Flocke – ⓘ trocken – ⓙ noch – ⓚ Lachs – ⓛ schrecklich

145 Vase – vier – Klavier – viel – Veranda – vor – Verkehr – Vulkan – Ventilator

148 ⓐ Schluck – ⓑ Flocke – ⓒ Hecke

150 ⓐ die Kurve – ⓑ der Vogel – ⓒ vier

152 ⓐ warum – ⓑ Velo – ⓒ Savanne – ⓓ Schweiz – ⓔ Vulkan – ⓕ schwer – ⓖ Olive – ⓗ Schwan

153 die Krevette → | der Würfel → | der Schwan → | der Vampir →

156 ⓐ die Olive(n) – ⓑ der Löwe – ⓒ der Schwan – ⓓ der Vulkan

157 Wallis → | Obwalden → | Schwyz → | Nidwalden → | Waadt →

159

NEIN	JA	STEHT NICHT IM TEXT
❶ ❷	❹ ❻	❸ ❺ ❼

160 ❶ ⓒ · ❷ ⓑ · ❸ ⓐ

161

NEIN	JA	STEHT NICHT IM TEXT
❶ ❻	❷ ❹	❸ ❺ ❼

162 ❶ ⓒ · ❷ ⓒ · ❸ ⓐ